W9-BEC-792

DATE DUE

SP
551.48   Greenlaw, M. Jean
GRE   Inundacion

$17.95
BC#32457121000362

BORROWER'S NAME

DATE DUE

SP   BC#32457121000362 $17.95
551.48   Greenlaw, M. Jean
GRE   Inundacion

¡QUÉ DESASTRE!

INUNDACIÓN

por Dr. M. Jean Greenlaw

Consultant:
Dr. Charles A. Doswell III
Consultoría Científica Doswell
Investigador de Tormentas Severas de NOAA (jubilado)

BEARPORT
PUBLISHING

New York, New York

Créditos

Cubierta, © Wutthichai/Shutterstock, and © iStockphoto/Thinkstock; 4–5, © Dana Romanoff/ Getty Images; 6–7, © Le-Dung Ly/Science Faction/Corbis; 8–9, © Joe Amon/The Denver Post via Getty Images; 11, © TORSTEN BLACKWOOD/AFP/Getty Images; 10–11, © Wang Jianwei/Xinhua/Photoshot/Newscom; 12, © Andy Cross/The Denver Post via Getty Images; 12–13, © Thomas Cooper/Getty Images; 14–15, © Greg Sorber/Albuquerque Journal; 16, © The Washington Times/ZUMAPRESS.com; 16–17, © iStockphoto/Thinkstock; 18–19, © Bodo Marks/ dpa/Corbis; 20, © Justin Sullivan/Getty Images; 20–21, © SABRINA LAURISTON/epa/Corbis; 22, © iStockphoto/Thinkstock; 23TL, © iStockphoto/Thinkstock; 23TR, © Tatan Syuflana/AP/ Corbis; 23BL, © iStockphoto/Thinkstock; 23BR, © The Washington Times/ZUMAPRESS.com.

Editor: Kenn Goin
Editora: Jessica Rudolph
Director creativo: Spencer Brinker
Diseñadora: Debrah Kaiser
Editor de fotografía: Picture Perfect Professionals, LLC
Traductora: Eida Del Risco
Editora de español: Queta Fernandez

Datos de catalogación de la Biblioteca del Congreso

Greenlaw, M. Jean, author.
  [Flood. Spanish]
  Inundación / por la Dr. M. Jean Greenlaw ; consultor: Dr. Charles A. Doswell III, Consultoría Científica Doswell Investigador de Tormentas Severas de NOAA (retirado).
     pages cm. — (¡Qué Desastre!)
  Includes bibliographical references and index.
  ISBN 978-1-62724-250-9 (library binding) — ISBN 1-62724-250-3 (library binding)
  1. Floods—Juvenile literature. I. Title.
  GB1399.G7418 2014
  551.48'9—dc23
                                        2013044163

Para más información, escriba a Bearport Publishing Company, Inc., 45 West 21st Street, Suite 3B, New York, New York 10010. Impreso en los Estados Unidos de América.

10 9 8 7 6 5 4 3 2 1

CONTENIDO

INUNDACIONES

¡Buuum!

Empieza una tormenta eléctrica.

La lluvia cae y el agua de los ríos empieza a subir.

¡Pronto una **inundación** cubrirá la tierra!

Las fuertes lluvias y la nieve derretida causan casi todas las inundaciones.

100 YEAR LEVEL

50 YEAR LEVEL

El agua desborda las **riberas** de los ríos.

Fluye sobre la tierra.

¡Las aguas entran por todas partes!

Durante una inundación hay demasiada agua. La tierra no puede absorberla.

A veces tiene que estar lloviendo varios días para que haya una inundación.

Otras veces, lluvias torrenciales causan inundaciones en pocas horas.

Se les llama inundaciones relámpago.

Las inundaciones relámpago también pueden ocurrir cuando se rompe una represa. Una represa es un muro que se construye en un río para contener el agua.

Las aguas pueden subir muchísimo.

¡Pueden cubrir una casa de dos pisos!

El agua de las inundaciones echa a perder las cosas que hay dentro de los edificios.

A veces las aguas corren muy rápido.

El agua en movimiento tumba árboles.

¡Arrastra a los carros!

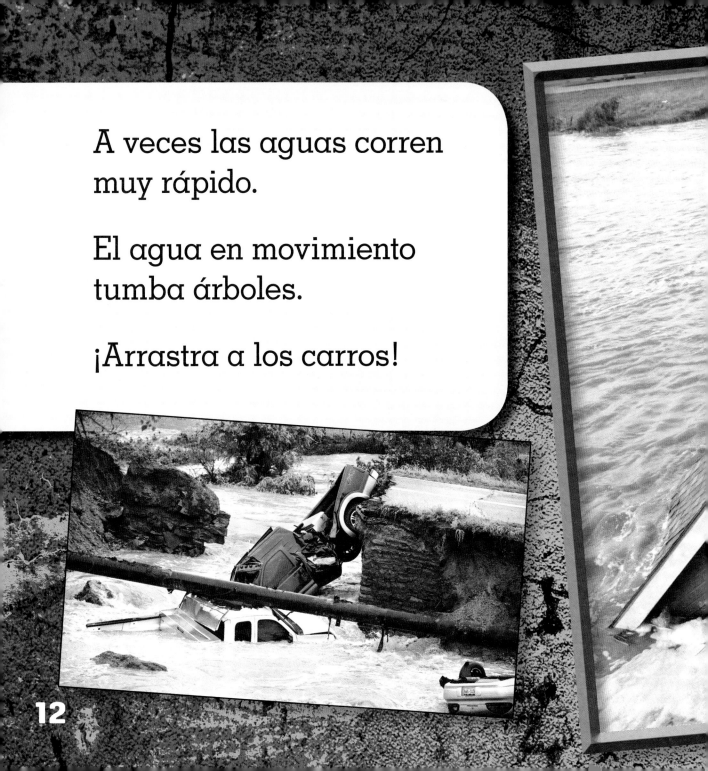

El agua puede correr a 20 millas por hora (32kph).

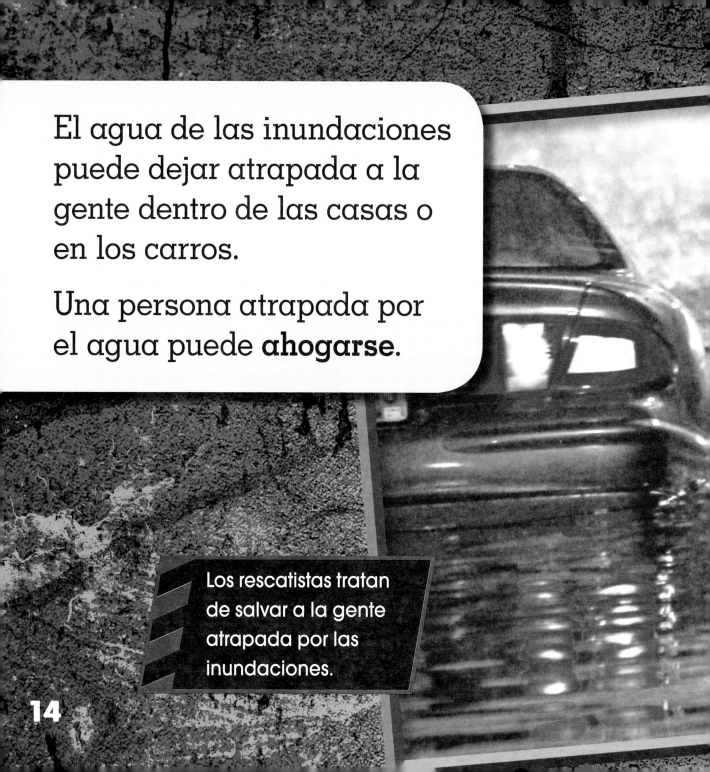

El agua de las inundaciones puede dejar atrapada a la gente dentro de las casas o en los carros.

Una persona atrapada por el agua puede **ahogarse**.

Los rescatistas tratan de salvar a la gente atrapada por las inundaciones.

¿Cómo puedes mantenerte a salvo?

Escucha el **pronóstico del tiempo.**

Te avisará si hay peligro de inundaciones.

La gente que vive cerca de ríos y mares corre más riesgo de inundaciones.

18

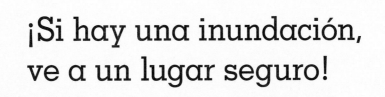

¡Si hay una inundación, ve a un lugar seguro!

Ve a un lugar alto o al piso más alto de tu casa.

Así te mantendrás seco.

Mucha gente pone bolsas de arena en la orilla de los ríos crecidos para evitar que el agua inunde los edificios.

Con el paso del tiempo, la tierra absorbe el agua de la inundación.

Pueden pasar días o semanas.

Entonces, la tierra vuelve a estar seca.

Después de una inundación, la gente limpia el desastre que quedó.

DATOS SOBRE LAS INUNDACIONES

- Las inundaciones pueden ser causadas por tormentas fuertes, cuyos vientos empujan grandes olas del océano a la tierra.

- Si el torrente de agua tumba las líneas eléctricas, nos quedamos sin electricidad.

- La gente que vive en zona de inundaciones debe tener siempre en casa linternas, comida enlatada, mantas y agua embotellada.

- La gente puede ahogarse si se le inunda el carro. Nunca se debe tratar de conducir por calles inundadas.

GLOSARIO

ribera: tierra que corre a los dos lados de un río

ahogarse: morir por estar debajo del agua y no ser capaz de respirar

inundación: una crecida de agua hacia tierras que normalmente no están bajo agua

pronósticos del tiempo: reportes que dicen cómo será el tiempo en las próximas horas o días

23

ÍNDICE

LEE MÁS

Chambers, Catherine. *Flood (Wild Weather).* Chicago: Heinemann (2002).

Koponen, Libby. *Floods (True Books).* New York: Scholastic (2009).

LEE MÁS EN INTERNET

Para saber más sobre inundaciones, visita
www.bearportpublishing.com/ItsaDisaster!

ACERCA DE LA AUTORA

La doctora M. Jean Greenlaw vive en Texas. Ha escrito varios libros para niños y ha colaborado en la elaboración de libros de texto.